Nahrung für die Seele

Tom Johanson

Die Gesetze
des Glücks

Nahrung für die Seele

Tom Johanson

DIE GESETZE
DES GLÜCKS

Verlag Hermann Bauer
Freiburg im Breisgau

Die Deutsche Bibliothek – CIP-Einheitsaufnahme

Johanson, Tom:
Die Gesetze des Glücks / Tom Johanson
2. Aufl. – Freiburg im Breisgau : Bauer, 1998
    (Nahrung für die Seele)
    ISBN 3-7626-0577-7

Herausgegeben von Richard Reschika

2. Auflage 1998
ISBN 3-7626-0577-7
© 1998 by Verlag Hermann Bauer KG, Freiburg i. Br.
Einband: Ralph Höllrigl, Freiburg i. Br.
Satz: Fotosetzerei G. Scheydecker, Freiburg i. Br.
Druck und Bindung:
Freiburger Graphische Betriebe, Freiburg i. Br.
Printed in Germany

INHALT

I

DIE BESTIMMUNG DES MENSCHEN

Es ist ein wahres Wort und wert, es sich zu merken: »Niemand hat die Macht, dich zu verletzen, wenn du selbst ihm diese Macht über dich nicht einräumst.« Dem Menschen ist die vollkommene Willensfreiheit über sein eigenes Geschick geschenkt. Er kann sich so weit von Gott entfernen, wie er nur will: Gott wird ihn niemals aus den Augen verlieren.

Die vorbestimmte höchste Funktion des Menschengeistes ist es, die Weisheit der höchsten Ordnung auszudrükken und zu lernen, die niedrigeren geistigen Ebenen zu beeinflussen und zu kontrollieren.

Die älteste Weisheit der Welt berichtet davon, daß wir uns bewußt mit dem Göttlichen vereinen können, während wir uns im Körper befinden. Dazu ist der Mensch geboren. Verfehlt er aber seine Bestimmung, dann hat es die Natur nicht eilig. Sie wird ihn eines Tages einholen und dazu zwingen, den

geheimen Zweck seines Daseins zu er-
füllen.

II.

Die Grenzen des Verstandes und des Egos

Obwohl Logiker und Statistiker dem Verstand große Kraft zuschreiben, hat er keinen spürbaren Erfolg erzielt, wenn es um die Erhellung der Fragen geht, die den Menschen am meisten beunruhigen: »Warum sind wir hier?«, »Welchen Sinn hat unser Leben?«

*W*ahres Glück zu erleben bedeutet, die *wahre* Natur des Menschen zu verstehen und die *wahre* Natur der Welt, in der er lebt. Wahres Glück kann niemals sprunghaft, flüchtig oder unvollkommen sein. Wahres oder spirituelles Glück ist immer etwas Totales, eine Ganzheit.

*W*enn wir uns den wichtigsten Emotionen, Gedanken und Idealen des Menschen zuwenden, der Empfänglichkeit für Schönheit, dem Glück der Liebe, den plötzlichen Inspirationen, durch die große Kunstwerke entstanden sind, den Wahrheiten, die uns die großen Meister,

Mystiker und Philosophen geschenkt haben, aber auch, wenn wir an die selbstverständliche Güte einer einfachen Seele denken, dann müssen wir erkennen, daß es eine höhere geistige Ebene gibt. Hier scheint die wahre Form des spirituellen Geistes durch und läßt den Menschen als die absolute Realität sichtbar werden.

Das Leben ist ein ewiges Kontinuum. Es hat weder Anfang noch Ende. Nur für den Körper gibt es einen Beginn. Er wurde geboren. Deshalb kann nur der Körper sterben. Aber das Leben, die Lebensenergie, der spirituelle Geist, die

Seele, das Bewußtsein, das für eine gewisse Zeit den Körper bewohnt – sie alle sind niemals geboren worden, und deshalb können sie auch nicht sterben. Wenn der Mensch stirbt, dann wird er nur *Zeuge* vom Sterben seines Körpers.

Der menschliche Geist kann über die Erleuchtung, über die höchste Seinsweise *lesen*, er kann sogar so töricht sein und sich einbilden, bereits alles begriffen zu haben. Aber Erleuchtung und das Höchste sind keine Zustände, die man *verstehen* kann. Sie übersteigen unser menschliches Begriffsvermögen. Selbst wenn man alles Verfügbare zum Thema Erleuchtung, über die höchsten und letzten Dinge liest, wird man auf diese Weise niemals wahres *Wissen* erlangen und etwas über diese Zustände begreifen. Erleuchtung ist nichts, über das man Wissen erwerben kann. Wissen bedeutet, daß man Kenntnisse gesammelt hat. Kenntnis und Wissen werden durch die Kraft des Verstandes oder der Logik erworben.

Während unserer langen Entwicklung haben wir alle einmal wesentliche Wahrheiten entdeckt. Sie wurden auf einer Ebene gespeichert, auf der eine

Einsicht niemals verlorengeht. Es genügt ein zufälliger Anreiz durch ein gesprochenes Wort, ein Buch oder ein Augenblick der Kontemplation, der zufällig mit einer günstigen inneren Disposition zusammentrifft, um eine spontane Reaktion hervorzurufen, die blitzartig als etwas bereits Gewußtes in uns aufleuchtet. Dies ist eine mystische Erfahrung. Man sollte nie vergessen, daß ein grundlegender Unterschied zwischen gespeichertem Wissen und einer intuitiven oder spirituellen Offenbarung besteht.

Die spirituellen Schriften sind Wahrheiten, aber es setzt die Einsicht einer großen Seele und den Kern einer mystischen oder spirituellen Erfahrung voraus, die Wahrheit zu erkennen.

Die Wahrheit ist das Zentrum, das von den Mauern der Materie, der Logik, des Verstandes, der Informationen und des gespeicherten Wissens umgeben ist. Die Außenseite ist nichts als ein Ring, der sich wie ein Rad unaufhörlich im Kreise dreht. Die Außenseite befindet sich ständig in Bewegung, aber es ist eine Bewegung, die immer an ihren Anfang zurückkommt.

Wenn die Meister und Mystiker, die äußere Welt der Materie als den Ort der Illusion bezeichnen, dann beschreiben sie die Bewegung des Rades. Der nicht erleuchtete, der dem Materiellen verhaftete Mensch lebt in einer großen Illusion, denn obwohl er das Gefühl hat, sich vorwärts zu bewegen, kommt er tatsächlich überhaupt nicht weiter. Er bewegt sich im Kreise. Er steht still.

Der Mensch ist essentiell (seinem innersten Wesen nach) und ewig spiritueller Geist, der sich vorübergehend der Materie bedient. Die Welt der Materie spielt die wichtigste Rolle bei der Weiterentwicklung und dem Fortschritt der Seele. Der Seelenleib ist die entscheidende Brücke zwischen dem materiellen Zustand (Körper) und dem spirituellen Geist.

Es gibt einen Weg, eine Tür nach innen, denn Jesus sagte: »Klopfet an, und es wird euch aufgetan werden.« Jeder Mensch muß das Tor selbst finden. Das kann nicht durch ein Buch, einen Lehrer, einen Prediger oder Guru erledigt werden, das muß er selbst tun. Er muß den *richtigen* Weg nach innen finden. Der richtige Weg ist nicht durch gespeichertes

Wissen zu erfahren, nicht einmal durch all das Wissen, das in der Mauer enthalten ist. Der richtige Weg führt nicht über Macht und Gewalt. Auch die Zähigkeit und Entschlossenheit des Ego-Geistes bringt keinen Erfolg, ebensowenig das Studium von Schriften, die Ratschläge von Gurus oder einer Vielzahl von Lehrern. Genauso nutzlos ist es, etwas *über* Philosophie oder Theologie zu lernen. Alle diese Methoden bedeuten lediglich, daß das Ego mit Büchern, mit den Worten von Lehrern, mit von verschiedenen Schulen erarbeiteten Systemen und Methoden, mit Dogmen und Glaubensbekenntnissen an die Mauer klopft, aber immer noch nicht an die Tür. Der richtige Weg führt nur über den richtigen *Seinszustand*. Dieses Stadium des *Seins* bildet den direkten Gegensatz zum »bescheidwissen über…« es ist das Gegenteil des gespeicherten Wissens.

Der Mensch ist seinem Wesen nach Geist. Der natürliche Weg des spirituellen Geistes ist nicht der Kreislauf, sondern das unaufhörliche Streben, eine immer höhere Ebene des Bewußtseins zu erreichen. Der Mensch ist nicht von Natur aus Teil der äußeren Welt. Der einzige Zweck seines Besuchs auf der Erde besteht darin, durch unzählige Erfahrungen die Gesetze der Materie zu begreifen und schließlich zu erkennen, daß er nicht von dieser physischen Welt ist. Da der Mensch die Gesetze der Materie nicht kennt und da er sich einige Jahre lang in einem physischen Leib aufhalten muß (vergleichbar etwa einem Tiefseetaucher, der in einen Taucheranzug schlüpft), glaubt er irrtümlicherweise, daß er die Materie *ist*. Deshalb versucht er, sein Leben in Übereinstimmung mit den physischen Gesetzen zu bringen.

Die großen Götter des Gesetzes wissen, daß durch diese Erdenwelt etwas von unschätzbarem Wert zu gewinnen sein muß, und deshalb ist es die Aufgabe jeder Seele, zu erkennen, um was es sich dabei handelt. Was wir auf der physischen Ebene erreichen, ist an sich nicht von großer Bedeutung. Den wahren Wert stellt die Qualität des Charakters oder der Persönlichkeit des Handelnden dar, die hier zum Vorschein kommt. So sind zum Beispiel Intuition, Inspiration und Liebe Manifestationen der spirituellen Eigenschaften, die in die Schöpfung eingehen. Das sind die unvergänglichen Dinge.

Der spirituelle Geist unterscheidet sich darin von der Materie, daß er stets aktives *Leben* ist, während Materie das passive Prinzip darstellt. Der spirituelle Geist entwickelt und entfaltet sich durch die lebendige Kraft, die er selbst ist. Durch verschiedene Erfahrungen, die notwendigerweise aufgrund strenger Gesetze ausgelöst werden, befreit sich der aktive spirituelle Geist schließlich ganz langsam von der passiven Materie.

Das unausweichliche Ziel dieses Lebens ist es, daß sich der spirituelle Geist durch seine *eigenen* Bemühungen aus seiner Verkörperung befreit, ein individuelles Bewußtsein von sich selbst gewinnt und die vollkommene Beherrschung *aller* Phasen der Materie erreicht, die ja aufgrund ihrer irdischen Vergänglichkeit in Wahrheit nur Illusion ist. Bevor der Mensch zu dieser Beherrschung gekommen ist, sind seine Handlungen nichts als automatische und unwillkürliche Reaktionen, weil sie vollständig dem Einfluß der physischen Umwelt des spirituellen Geistes unterworfen sind.

D ie Materie ist der Schoß, in dem der Geist durch seine eigene Lebenskraft und Anstrengungen wachsen und sich entwickeln muß. Kurz gesagt, das vollständige Ziel der Seele des Menschen während seines physischen Anfangsstadiums ist die Beseitigung der Illusionen, die durch ihre Bindung an Zeit, Raum und Materie entstanden sind. Der spirituelle Geist oder die Seele gelangt nur zur Freiheit, wenn sie voll und ganz die Natur der Ego-Mauer begreift (also das Wesen der Materie und die emotionale Bindung daran) und zurückkehrt zum Zentrum – zur Realität. Zeit, Raum und Materie sind wichtig für das Leben des Ego. Das Ego ist die Mauer, und die Mauer kann sich nur ihrer selbst bewußt sein. Aus diesem Grunde ist es dem Ego unmöglich, zum Zentrum vorzustoßen.

Um die Herrschaft über die Materie zu gewinnen, muß der Mensch erleuchtet werden, das heißt, er muß *Wissen* (Erkenntnis) über die wahre Natur der Materie entwickeln. Erleuchtung wird nur durch den Kampf des spirituellen Geistes gegen die Versuchungen und Forderungen des Ego-Geistes erreicht. Das intellektuelle Studium der Theologie, die Beschäftigung mit Glaubensvorstellungen und Dogmen ist keine Hilfe. Die Kenntnis der Bibel, des Korans, der Bhagavadgita oder der Veden kann ebensowenig helfen. Das alles sind nichts als Informationen, die von der Mauer gesammelt und gespeichert werden. Es sind nichts als Worte.

Von *außen* kommen stets nur Informationen.

Was ist Erleuchtung? Erleuchtung ist nichts anderes, als sich seiner selbst bewußt zu werden, sich selbst wahrzunehmen. Erleuchtung bedeutet, daß Sie der Mauer den Rücken kehren und auf die Quelle zugehen, und diese Quelle ist nur an einem Ort zu finden – in Ihnen selbst! Warum sollten Sie andere fragen, warum in vielen Büchern lesen, wenn Sie auf der Suche nach etwas sind, das Sie längst besitzen?

Alle Mystiker berichten davon, daß sie ein Erlebnis hatten, dessen tiefste Bedeutung nicht in Worten zu übermitteln ist. Wie kann man dann aus einem Buch oder von einem Lehrer etwas darüber erfahren? Viele beschäftigen sich in Gedanken mit den Mystikern und deren Erfahrung der Realität und glauben, daß diese Menschen eine Gabe besitzen, die nur wenige haben. Das ist die größte Illusion der Menschheit. Es gibt keine unüberwindlichen Abgrenzungen zwischen den niederen Ebenen des menschlichen Bewußtseins und den höchsten spirituellen Ebenen. In Wahrheit gibt es überhaupt keine Ebene, auf der mystische Erfahrungen nicht möglich sind.

Jede Ebene, selbst die niedrigste, ist ein Ausdruck des göttlichen Wesens. Der Erleuchtete ist sich bewußt, daß ein Aspekt des höchsten Selbst auch in den niederen Ebenen, die wir das Ego nennen, wirkt und lebt.

Wenn die Mystiker und Meister den Bereich der äußeren Welt als die Welt der Illusionen bezeichnen, dann meinen sie damit nur die Erfahrungen und Erlebnisse, nach denen wir uns sehnen und von denen wir leben. Es sind Erlebnisse, in denen wir unser Vergnügen suchen, ohne zu merken, daß sie nur wenige Augenblicke dauern und sich dann im absoluten Nichts auflösen.

III.

Die Natur der Welt, des Menschen und des Geistes

Ist es überhaupt möglich, nach Glück zu *suchen*? Wir können sicher in vielen Dingen Befriedigung finden, aber können wir auch wirkliches Glück finden? Wenn wir über das Glück nachdenken, dann erkennen wir, daß es nur derivativ entsteht, daß es sich also von irgend etwas herleiten muß. Glück ist die Nachwirkung von etwas anderem. Es ist mit dem Phänomen Liebe vergleichbar. Wir können

Liebe nicht als Liebe an sich sehen oder spüren, sie erfordert stets ein Objekt. So ist auch Glück die *Nachwirkung* oder das Nebenprodukt einer anderen Aktivität.

Es ist gut, auf erfahrene Philosophen und Erleuchtete zu hören, aber nehmen Sie niemals etwas in sich auf, ohne Fragen zu stellen. Wenn ein solcher Lehrer die Wahrheit spricht, dann wird sie in Ihnen nie mehr erlöschen. Die Wahrheit wird sich in Ihrem Leben, in Ihrem Handeln und in Ihren Beziehungen zu anderen Menschen offenbaren. Andererseits können Sie tausend Gurus, Lehrern und ihren speziellen Systemen Gehör schenken und von einem Ende der Erde zum anderen reisen, zum Schluß kommen Sie doch auf sich selbst zurück. Zu sich selbst zurückkommen, sich selbst zu erkennen, *das* ist die Wahrheit. Die meisten Menschen kennen ihre eigene wahre Natur nicht, und deshalb ist es so schwierig für sie, festzustellen, wonach sie suchen.

Erleuchtung bedeutet Selbst-Erkenntnis, Erkenntnis des Ganzen, Selbst-Wahrnehmen. Erleuchtung ist kein langsam fortschreitender Prozeß, wie etwa das Studium der Mathematik, das Erlernen von Sprachen und die Aneignung kaufmännischen Wissens. Erleuchtung geschieht augenblicklich.

Der menschliche Geist ist imstande, ein großartiger Schüler zu sein, er kann ein großartiger Lehrer werden, ein Genius in irdischen Dingen. Er kann die Erleuchtung erforschen, er kann Schriften und Bücher über Gott studieren, er kann sogar behaupten, alles über Erleuchtung, über Religion und über Gott zu wissen, aber dennoch ist Erleuchtung nichts, was man verstehen könnte – es gibt nur die direkte Erfahrung des ganzen Selbst. Etwas oder alles über das ganze Selbst zu wissen bedeutet, nichts über die Realität des ganzen Selbst zu wissen. Erworbene Kenntnisse jeglicher Art sind nicht unmittelbare Erfahrungen, sind nicht Wahrheit.

S ie können alles über die Materie und über all die Dinge wissen, die Materie hervorbringen kann, aber sie können nichts über das Bewußtsein wissen. Bewußtsein ist das Unbekannte. Alles, was Sie wissen und kennen, einschließlich Körper und Gehirn, gehört zur Außenwelt.

Das ganze Selbst einschließlich der höchsten Bewußtseinsebene ist das lebendige Zentrum des Menschen.

Alles, was neu und ursprünglich ist, wird aus dem inneren Bewußtsein heraus geboren. Die Reise, zu der Sie sich anschicken, wird etwas ganz Neues, Ursprüngliches sein. Der menschliche Geist ist nur eine Kollektion unzähliger früherer Reisen. Sie waren vergeblich, sie führten nirgendwohin, sondern trugen nur zur weiteren Ansammlung nutzloser Erinnerungen bei. Revolutionen entstehen immer durch den Versuch, alte Ideen,

Methoden, Gedanken und Gewohnheiten zu zerstören. Aus diesem Grund ist keine Revolution für die Seele notwendiger als die geistige Revolution, als eine Veränderung des menschlichen Geistes. Es gibt jedoch keine Revolution ohne Meditation.

Alle Meditationsmethoden sind nichts anderes als eine Möglichkeit, den menschlichen Geist zu revolutionieren, so daß das innerste Bewußtsein schließlich an die Oberfläche steigt und der alte Geist beiseite gedrängt und schließlich vergessen wird. Der neue Geist gibt die Realität wieder. Alles wird neu, das Leben bekommt eine neue Dimension. Eine ganz neue Wahrheit wird sichtbar in allem, was man vorher als unabänderlich hinnahm. Das Leben ist nicht länger erfüllt von Befürchtungen und Ängsten. Sie erkennen, daß es niemals den Tod in dieser Welt gegeben hat. Das Leben ist ohne Anfang und Ende.

Sich selbst zu erkennen heißt, sich selbst in seinen Aktivitäten auf der mentalen und physischen Ebene zu prüfen und zu erforschen. Dazu gehört, daß wir jeden Aspekt all unserer Handlungen unter allen nur möglichen Umständen untersuchen, und das schließt notwendigerweise auch

alle Beziehungen zu anderen Mitgliedern
unserer Gesellschaft mit ein.

Wenn wir Liebe, Verständnis, Mitgefühl und Toleranz nach außen
projizieren, wird nicht nur unser unmittel-
bares soziales Umfeld von diesen Quali-
täten bestimmt, sondern auch unsere Welt.

Wenn man eine Gesellschaft schaffen will, die nicht roboterhaft und
nicht statisch ist oder einfach nach Verord-
nungen und Richtlinien lebt, dann ist es

wichtig, daß jeder einzelne zur Veränderung seiner Ideale, Gedanken, Ambitionen und der allgemeinen Richtung seiner Weiterentwicklung bereit ist. Es wäre sinnlos, ohne eine solche *innere* psychologische Revolution nur eine Änderung der äußeren Umstände anzustreben.

Selbsterkenntnis ist der Anfang der Wahrheit, der erste Schritt auf dem Pfad zum inneren Selbst. Um sich selbst zu kennen, muß man gewillt sein, *alles* über sich selbst zu akzeptieren.

Die grundlegende Revolution in uns selbst entsteht nicht durch Wissen oder durch die gesammelten Erfahrungen, sie kulminieren nur in Erinnerung. Selbsterkenntnis ist eine allmähliche, fast unmerkliche Entwicklung. Wenn wir uns entschließen, Wissen zu sammeln, dann entwickeln wir lediglich ein System oder Methoden, aus denen sich schließlich ein statisches Zentrum entwickelt, das verhindert, daß ein tiefergehendes Verständnis zustandekommt. Zu verstehen, was ist, was wir wirklich sind, setzt einen geistigen Zustand voraus, bei dem es keine Identifizierung mit bestimmten Merkmalen in uns gibt und keine Verurteilung dessen, was wir in anderen beobachten, sondern wir dürfen nur verurteilen, was in uns selbst eine solche Verurteilung rechtfertigt. Wenn ein echtes, tiefes Bedürfnis vorliegt, sich selbst zu begreifen, wenn unser Interesse daran ganz intensiv ist, dann entwickelt sich der richtige innere Zustand.

Selbsterkenntnis kann man nicht von anderen lernen. Wie die Wahrheit kann man sie auch nicht bewußt verwirklichen. Selbsterkenntnis oder Wahrheit ist ein Seins-Zustand. Damit diese »Revolution« zustandekommen kann, müssen alle Gedanken an gespeichertes Wis-

sen, an Glauben oder die bewußte Bemühung, etwas zu erreichen, vollkommen verbannt werden. Ein Mensch, der
sich bewußt ist, tugendhaft und sittlich
zu sein, hat die Selbsterkenntnis nicht
erreicht. Er mag ein sehr aufrichtiger, an-
ständiger und wohlmeinender Mensch
sein, aber das ist etwas ganz anderes
als einer, der die vollkommene Freiheit
gefunden hat und zur Selbsterkenntnis
gelangt ist.

Ein tugendhafter Mensch mag recht-
schaffen und redlich sein, aber er kann
unmöglich die Wahrheit gefunden haben,

weil Tugendhaftigkeit für ihn bedeutet, ganz bewußt ein bestimmtes Niveau seines Verhaltens zu bewahren. Er hält mit seinem irdisch-menschlichen Geist ein bestimmtes Niveau moralischer Normen aufrecht und sorgt für deren Schutz. Er bemüht sich ganz bewußt um Tugendhaftigkeit. Aus diesem Grund sagte Jesus: »Selig, die arm sind vor Gott« (Matth. 5,3). Das bezieht sich nicht nur auf die Dinge und Besitztümer dieser Welt, sondern auch auf Glaubensvorstellungen, Kenntnisse, Begierden und Ambitionen. Ein Mensch, der reich an irdischen Gütern oder reich an Wissen und Glaubensinhalten ist, dem Lehrer und Informationen durch die Schriften zur Ver-

fügung stehen, ist weit von der Selbsterkenntnis entfernt.

Der erleuchtete Mensch, der mit der
Natur der Welt und mit der Natur
des Menschen vertraut ist, lebt ohne
Angst, weil er sich durch keinen äußeren
Weg verführen läßt. Er kennt nur einen
Weg und weiß, daß alle anderen Wege
illusionär, oberflächlich und endlich sind
und deshalb in den Bereich des Ego-Geistes gehören.

Solange wir im Bereich des oberfläch-lichen Geistes leben, werden wir es weiter mit Komplikationen, Problemen und Illusionen zu tun haben. Wenn wir aber vom Zentrum oder vom tiefen inneren Selbst aus leben und denken, sieht alles anders aus. Auch die Reaktionen sind anders, denn wenn man vom Zentrum aus lebt, dann ist der ganze Mensch in das Denken miteinbezogen. Vom Zentrum aus stirbt niemand, kann niemand sterben, weil hier der Tod nicht existiert. Wenn Sie aber in der Peripherie leben, dann sterben Sie, dann stirbt jeder. Der Tod ist die natürliche Reaktion auf jede Aktion, die an der Oberfläche der flüchtigen Welt stattfindet, weil es dort kein ewiges Leben gibt.

Der Mensch hat sein bisheriges Leben lang (eigentlich sind es viele Leben) durch das falsche Ende eines feststehenden Teleskops geschaut. Er ist der Ansicht, daß alles, was er sieht, das Ganze, die Realität sei. Nur wenige Mystiker, Propheten, Gurus und Meister haben gelernt, das Fernrohr umzudrehen und tief in die innere Welt zu blicken. Dies sind die wenigen, die sich eines unwandelbar friedvollen Lebens erfreuen. Sie betrachten die Probleme, aber sie sind nicht Teil dieser

Probleme. Sie gehören zu den wenigen, die nach nichts streben, sei es spiritueller oder anderer Art. Deshalb haben sie keine Probleme. Das kann nur geschehen, wenn der Mensch das Selbst vergißt, wenn die Einstellung »Das ist mein« verschwunden ist.

Erleuchtung und Selbsterkenntnis können niemals als Reaktion auf irgendeine Methode, Technik oder Praktik erscheinen. Erleuchtung ist kein Akt des Willens und wird das auch niemals sein. Die Handlungen, die sich auf die im menschlichen Gehirn gespeicherten Inhalte beziehen, sind nur Reaktionen, die entstehen, wenn der menschliche Geist versucht, ein Problem oder einen inneren Konflikt zu überwinden.

Wenn Liebe in Ihrer Seele ist, werden Sie auch demütig und mitleidig sein. Wie die Demut gehört auch die Liebe nicht in den Bereich des menschlichen Geistes. Deshalb können alle Probleme, die sich auf die Aktivität des Selbst und die Versuche des menschlichen Geistes beziehen, den Konflikten auszuweichen, indem man Augenblicke der Selbstvergessenheit schafft, nur überwunden werden, wenn man die Natur des irdisch-menschlichen Geistes ganz begreift.

Spirituelle Liebe kann nur dadurch ver-wirklicht werden, daß man sich vom *Bekannten* trennt, und damit sind die In-halte des irdisch-menschlichen Geistes ge-meint. Ehe spirituelle Liebe realisiert wer-den kann, muß sie zuerst einmal erkannt werden. Der menschliche Geist jedoch, der sich stets auf das Bekannte stützt, kann natürlich das Unbekannte nicht wahrneh-men. Wir müssen also als erstes die Natur des uns Bekannten durch den Prozeß der Erfahrung untersuchen. Wir müssen dann unsere Erkenntnisse über das Bekannte betrachten und analysieren, ohne dieses zu verdammen, ohne ein Gefühl der Angst zu entwickeln und ohne ein wie auch immer geartetes Urteil zu fällen. Nur dann haben wir Schritte unternommen, um den menschlichen Geist von seiner Anhäufung von Fakten, Wissen, Informationen, Glaubensvorstellungen und Süchten zu befreien, weil wir auf diese Weise alles getan haben, damit er schließlich die wahre Natur seiner selbst ganz erkennen kann. Vorher befand sich der irdisch-menschliche Geist im Zustand völliger Unkenntnis über seine wahre Natur – nun ist er frei.

IV.

DAS GEHEIMNIS
DER ERLEUCHTUNG

Was ist Erleuchtung? Man sagt, daß Mystiker und Meister erleuchtet sind, doch worin besteht der grundlegende Unterschied zwischen uns gewöhnlichen Menschen und den Mystikern? Fast jeder möchte gern ein Meister oder Mystiker sein; was also müssen wir tun oder lernen, um dieses Ziel zu erreichen? Die Wahrheit ist, daß wir Erleuchtung nicht »lernen« können, oder, um noch genauer zu sein, wir können Erleuchtung gar nicht *kennen*. Erleuchtung bedeutet eine unendliche Höhe spiritueller Wahrnehmung. Etwas zu kennen bedeutet, daß man zu einer Schlußfolgerung gekommen ist. Eine Schlußfolgerung zu ziehen bedeutet, ein begrenztes Stück Erkenntnis in sich aufzunehmen. In dem Moment, in dem man zu einem Schluß gekommen ist, das heißt, in dem man über etwas Bescheid weiß, ist man an einem Endpunkt angelangt. Das ist ein Problem des Intellekts. Er absorbiert zahllose Einzelinformationen.

Der Mensch kann alle religiösen Schriften der Welt lesen, doch das versetzt ihn nicht in die Lage, zur Erleuchtung zu kommen. Erleuchtung ist nicht Wissen, sie ist nicht abhängig von Informationen oder von Kenntnissen über Religion. Erleuchtung ist etwas äußerst Subtiles. Erleuchtung braucht keine Basis. Sie entsteht nur, wenn man ein bestimmtes Stadium der spirituellen Entwicklung erreicht hat. Erleuchtung entsteht, wenn der Mensch den Weg der ganzen Menschheit erfährt und begreift, wenn er ein vollkommenes Verständnis von sich und seinen Beziehungen zur Welt der Menschen, zur Natur der Welt und zur Natur des Menschen entwickelt.

Erleuchtung ist eine unendliche Höhe der Spiritualität, die wir mit unserem Denken nicht erreichen können, weil sie weit über unseren Intellekt, über jene Fähigkeit, die es uns erlaubt, Wissen über Dinge aufzunehmen, hinausgeht. Deshalb ist Erleuchtung das *Unbekannte*. Das bedeutet, das alles Bekannte wie eine Mauer zwischen uns und der Erleuchtung steht. Wir müssen also erst einmal alles Bekannte entdecken und wahrnehmen. Der menschliche Geist ist voll von Bekanntem. Er bevorzugt alles, was ihm Freude bereitet, was ihm Macht, Autorität und Bedeutung verleiht. Da das alles Dinge irdischzeitlicher Natur sind (und das bedeutet, daß sie schließlich wieder ins Nichts versinken), muß man sich den menschlichen Geist als eine illusionäre Entität denken. Mit anderen Worten: Alles ist fiktiv, alles ist Schein. Wenn man soweit ist, daß man die Wahrheit dieser Vorstellung erkennt, dann kontrolliert der irdisch-menschliche Geist das Bewußtsein nicht mehr zu jeder Stunde.

Liebe kann weder durch Gedanken oder Praktiken, noch durch bestimmte Methoden oder Systeme gefördert werden. Nichts kann Liebe sein, was dem Bereich des irdisch-menschlichen Geistes entspringt, weil es dann nicht spiritueller Natur ist. Nur Mystiker und Meister können behaupten »Ich liebe die Welt«, einfach deshalb, weil nur der, der die Fähigkeit besitzt, einen einzelnen zu lieben, auch das Ganze lieben kann.

In jedem Menschen lebt das gleiche Ziel, die gleiche Begierde. Sie selbst wünschen sich Zuversicht, Sicherheit, Glück und Befriedigung. Genau das ist auch das Ziel der gesamten Welt. Es gibt keinen

Unterschied in unseren Zielen, weil wir alle Teil des Ganzen sind. Wir müssen herausfinden, ob es hinter dem uns Bekannten noch etwas gibt, das über die Ebene des irdisch-menschlichen Geistes hinausgeht. Alle Illusionen des irdisch-menschlichen Geistes müssen als solche erkannt werden. Das heißt, Sie müssen sie verstehen, ihre Natur wahrnehmen. Nur dann können Sie das wahre Ziel entdecken und den Glauben bestätigen, daß es etwas gibt, das alle Mühe wert ist.

V

Das Prinzip der Polarität und das Gesetz des Karmas

Jede religiöse Schrift überall auf der Welt vermittelt uns die gleiche Wahrheit. Die Namen mögen sich ändern, die Orte können geographisch weit verstreut sein, und die chronologische Reihenfolge der Ereignisse kann um Jahrhunderte auseinander liegen, die *Wahrheit* jedoch kann nicht unterschiedlich sein, sie kann nicht verändert, verdreht oder zerstört werden. Nur der irdisch-menschliche

Geist kann so etwas tun, aber er wird dann die Wahrheit nicht mehr erkennen. Wahrheit ist die »unbekannte« Bewußtseinsebene.

Man sollte die Schriften nie als Berichte über rein historische Ereignisse ansehen, die lange vor unserer Zeit anderen Menschen zugestoßen sind. Die Schriften enthalten Wahrheiten, die den Lebensweg jeder Seele betreffen. Wahrheit ist unendlich und allgegenwärtig. Das heißt, sie kann nicht auf einen bestimmten Ort, eine bestimmte Zeit oder auf ein oder zwei Personen beschränkt

sein. Die absolute Wahrheit lebt in jeder
Seele.

Die überlieferten Zeugnisse aus dem
Leben von Jesus, Krischna, Buddha,
Moses, Mohammed und anderer Meister
unterscheiden sich nicht von dem, was
sich allmählich in jeder einzelnen Seele
entfaltet. Jede Erfahrung, die die Meister
freud- oder leidvoll durchlebten, ist auch
unsere eigene Erfahrung, die entweder
noch auf uns zukommen wird oder die
wir bereits hinter uns haben. Die Wahrheit, die Weisheit, die diese Meister gewonnen haben, werden auch wir errei-

chen. Jedes Wesen, ganz gleich wie hoch oder gering, ist ein künftiger Meister.

Jede Seele durchläuft den großen Bogen des Abstiegs in die grobstofflichen Bewußtseinsebenen und wird einmal wieder die Rückkehr zum kosmischen Bewußtsein erleben. Wenn also die Schriften von den Erfahrungen und Leistungen der großen Lehrer, Meister und Schüler berichten, dann sollten Sie sie so lesen, als ob es Ihre eigenen Erfahrungen und Sie selbst die handelnde Person wären.

Das Leben des geistig reifen Menschen verläuft in einem harmonischen Rhythmus von Tätigkeit und Zurückgezogenheit. Die Kontemplation geht der Aktion voraus, der Bindung folgt die Lösung. Ein solcher Rhythmus wird im Zen-Buddhismus als kosmischer Rhythmus bezeichnet. Ohne das Bewußtsein des kosmischen Rhythmus gibt es nur Konflikt, Verwirrung und Angst. Der kosmische Rhythmus ist die erste Stufe, ihm folgt die Erkenntnis und dann die Akzeptanz, daß es keine Erfahrungsebene gibt, auf der nicht Polarität existiert. Wir müssen uns bewußt sein, daß Freude und Trauer, Lust und Schmerz unsere besten Lehrer sind und daß wir den inneren Weg genauso sicher durch die Übel dieser Welt wie durch das Gute finden können. Viele denken vielleicht, daß es leichter sei, vom Zustand spiritueller Erhabenheit aus, durch Meditation zur Wahrnehmung Gottes zu gelangen, aber es ist eine weitaus größere Leistung, die vollkommene Erleuchtung auf der Ebene der Sinne zu erlangen.

Mystiker haben schon immer diesen Weg gezeigt und gelehrt. Sie bezeichnen ihn als den mittleren Weg, weil sie erkannten, daß man niemals vollkommene Erleuchtung finden kann, wenn sie nicht auf *jeder Bewußtseinsebene* erlebt wird.

L eidenschaftslosigkeit ist weder optimistisch noch pessimistisch. Stets
optimistisch zu sein heißt, ein Träumer zu
sein. Unentwegter Pessimismus dagen ist
etwas Negatives und Krankhaftes. Leidenschaftslosigkeit ist der mittlere Weg zwischen dem Negativen und dem Positiven.
Das bedeutet, an der Aktion beteiligt zu
sein, sich jedoch nicht von der Reaktion
fesseln zu lassen. Leidenschaftslosigkeit ist
der natürliche Rhythmus der Natur.

L eidenschaftslosigkeit ist nur durch nor-
males alltägliches aktives Handeln zu
erleben und zu erreichen. Alles Leben ist

Aktion, und es gibt keine Aktion ohne Spannung. Spannung gibt es nur, weil der irdisch-menschliche Geist vom mittleren Weg abgelenkt wird und sich ins Negative verstrickt. Alle unsere Handlungen sind nichts anderes als Kanäle für den Selbst-Ausdruck, und jeder Augenblick unseres bewußten Lebens verlangt nach Selbst-Ausdruck. Wenn es möglich wäre, den Selbst-Ausdruck auszuschalten, dann könnte die Seele keine Erfahrungen machen, sie bekäme also auch keine »Nahrung«, und infolgedessen hätte überhaupt nichts Sinn und Bedeutung, nicht einmal das Leben. Unser Selbst-Ausdruck sollte als eine Art Richtschnur genutzt werden, die anzeigt, wenn wir zu stark dem Negativen zuneigen oder zu sehr ins Optimistische, in das Reich der Träumer kommen. Der leidenschaftslose Mensch übt die vollständige Kontrolle über das innere Selbst aus.

Das Schlüsselwort für ein kreatives, ausgeglichenes Leben heißt »Mittelweg«. Uns geschieht nichts durch Zufall oder Schicksal. Was uns geschieht, schaffen wir selbst. Wir erleben nur das, was wir selbst hervorrufen. Wir gestalten unser Geschick durch unsere eigenen Handlungen, wir genießen oder leiden je nach der Qualität unserer Reaktionen. Wir sorgen selbst für unseren Frieden oder unseren Schmerz. Niemand hat die Macht, uns Ruhe und Frieden zu schenken oder Schmerz zuzufügen, wenn wir ihm diese Macht über uns nicht geben.

Karma ist das höchste Gesetz des Universums, Quelle, Ursprung und Anfang aller anderen Gesetze, die überall in der Natur herrschen. Es ist das unfehlbare Gesetz, das auf der physischen, der mentalen und spirituellen Ebene Wirkung und Ursache einander zuordnet. Da keine Ursache ohne entsprechende Wirkung bleibt, von der gewaltigsten bis zur geringsten, von der kosmischen Störung bis zur Bewegung unserer Hand, und da Gleiches wiederum Gleiches hervorbringt, ist Karma das unsichtbare und unerkannte Gesetz, das weise, intelligent und gerecht jede Wirkung der Ursache anpaßt und letztere bis zum Verursacher zurückverfogt. (Nach H. P. Blavatsky)

Karma ist ein Wort aus dem Sanskrit (eine altindische Schriftsprache) und bedeutet nichts anderes als *Handlung*. Jede Seele ist tagtäglich zu aktivem Handeln in irgendeiner Form gezwungen, um eine bestimmte Absicht zu verwirklichen. Das heißt mit anderen Worten: Hinter jeder Aktivität steht ein positives Motiv, und dieses Motiv besteht darin, eine Wirkung erzielen zu wollen, von der wir uns in irgendeiner Weise Nutzen versprechen. Deshalb ist ein *vernünftiges Motiv* die *Ursache*, und der erhoffte *Nutzen* ist die *Wirkung*. Karma ist also das Gesetz von Ursache und Wirkung.

Wie in dem Traum Jakobs viele Seelen auf einer Leiter, die von der Erde bis zum Himmel reicht, auf- und niedersteigen, so bewegt sich der Mensch auf vielen Erkenntnisebenen. Jede Stufe der Leiter ist eine höhere Ebene spiritueller Wahrnehmung. Über jede einzelne dieser Ebenen muß der Mensch im Laufe seiner Entwicklung hochsteigen, bis er die Ebene des unendlichen Bewußtseins erreicht hat und selbst zu dieser Bewußtseinsebene wird. Nur dann erkennt er, daß er dieses unendliche Bewußtsein schon immer gewesen ist.

In der Zwischenzeit kann er das karmische Gesetz auf den niedrigeren Ebenen des Intellekts, wo sich unablässig Zweifel erheben, die die Wahrheit über die Bestimmung des Menschen trüben, nur als ein gerechtes Gesetz betrachten, das mit Geduld, Weisheit und Intelligenz jede Wirkung auf ihre Ursache zurückführt, so daß der Denker oder Urheber sich richtig auf die physische, die mentale und spirituelle Daseinsebene einstellen kann. So wird er ganz allmählich, Handlung für Handlung zu seiner wahren Bestimmung zurückgeführt.

Karma ist kein blindes, lebloses Gesetz. Es dominiert nicht nur über alle anderen Naturgesetze, sondern ist auch ein lebendiges und intelligentes Gesetz, wie alle anderen bestimmenden Gesetze des Universums. Wie die großen Meister, die vom Zentrum nach außen wirken, so wirkt das Karma vom unendlichen Zentrum aus durch alle Ebenen bis ins Physische hinein. Ein anderes fundamentales Gesetz, das ebenfalls daran beteiligt ist, die stetige Weiterentwicklung der Seele des Menschen zu fördern, ist das Gesetz vom »Paar der Gegensätzlichkeiten«, also von Geist und Materie, von Subjekt und Objekt. Aus der ständigen Wechselwirkung dieser ursprünglichen Dualität entstehen die Motive, Handlungen und Reaktionen und deshalb auch das Karma, das wir selbst schaffen und erleiden, bis wir die Natur des Motivs als Illusion erkennen.

Ein weiteres wichtiges Prinzip ist der »Zyklus des Werdens«. Es betrifft die notwendige Pilgerreise jeder Seele, die im reinen Geist ihren Ursprung hat, dann durch die dichteste Materie geht und schließlich wieder den Weg zurück zum reinen Geist nimmt. Dieser ungeheure Zyklus der Verwandlung beschränkt sich nicht allein auf die Seele des Menschen, sondern er besteht innerhalb eines jeden lebenden Elements auf der Erde. Dieser unendliche Zyklus von Geburt, Tod und Wiedergeburt ist beim Atom ebenso wie in der Pflanzen- und Tierwelt zu beobachten.

Der Mensch als spiritueller Geist oder als höchste Form des Sich-Selbst-Bewußten beherrscht das Universum mit Hilfe des Karmas, seines wohltätigen Gefährten. Sobald er aber einmal sein Karma geschaffen hat, muß er vor diesem Ungeheuer, das er selbst hervorgebracht hat, das Knie beugen und darf nicht darüber klagen, daß sein Schicksal oder Los seine Handlungen entgegen seinem Willen vereitelt oder daß es ihn ungerechten Reaktionen aussetzt. Mit anderen Worten: Das Gesetz des Karmas ist vollkommen unpersönlich. Es ist der hilfreiche und gehorsame Diener seines Schöpfers – des Menschen. Es ist nicht der Sklave eines Rache übenden Gottes. Daher scheint die

Annnahme logisch, daß es keine Zweck hat, wenn wir versuchen, das Karma versöhnlich zu stimmen, wenn wir es anflehen, verfluchen und mit ihm hadern, weil nämlich das Karma ein Produkt unseres eigenen Denkens ist.

VI.

DAS SELBST UND DAS LEBEN AUS DER MITTE

Es ist dem Ego möglich, nach langer Meditationsübung einen Blick auf das höhere Selbst zu werfen. Dieser Vorgang stellt eine mystische oder mediale Erfahrung dar, die als so überwältigend empfunden wird, daß Worte nicht ausreichen, um sie zu beschreiben. Das göttliche Ziel und der eigentliche Sinn des Lebens bestehen darin, daß das Ego schließlich vollkommen vom höchsten Selbst absorbiert wird. Das kann nur geschehen, wenn der letzte Schleier verschwunden oder die letzte »Schale« beziehungsweise »Haut« abgefallen ist. Buddha sagte über diese Tatsache: »Im Nichts wirst du die Wahrheit finden.« Er wußte wie alle Meister und Mystiker, daß nur die Bindung an die Dinge der Welt die vielen Schichten von Schleiern geschaffen hat und aufrechterhält. Die vollkommene Auflösung aller Schleier wird von den Weisen Indiens als Samadhi bezeichnet.

Der Weg der Erkenntnis ist der Weg der Erfahrung, nämlich der Erfahrung der Gegensätze. Viele Menschen machen den Fehler, zu glauben, daß alles Wissen durch den irdisch-menschlichen Geist zu erwerben sei. Das ist ein schwerer Irrtum, weil es viele Bereiche der Wahrheit oder der Wahrnehmung gibt, die dem irdisch-menschlichen Geist überhaupt nicht zugänglich sind, mit denen jedoch bestimmte tiefere Ebenen von uns ständig in Kontakt stehen. Der äußere Geist ist wichtig, wenn es um den Erwerb von akademischem Wissen geht, doch als Mittel zur Selbsterkenntnis ist er nur sehr begrenzt tauglich. Physiker und Mathematiker behaupten, daß Zeit, Raum und materielle

Dinge zwar in einem gewissen Sinne durchaus wertvoll sind, daß sie jedoch keinerlei Beitrag zur Erklärung der kosmischen Ordnung leisten. Unser endlicher menschlicher Geist oder Intellekt verfügt über eine begrenzte Kreativität. Er ist frei, aber nur innerhalb eines bestimmten engen Bereichs. Manche Ebenen des Denkens, der Ideen und sogar der Emotionen sind ihm nur insoweit zugänglich, als sie die Welt der Phänomene beeinflussen.

Während es keinen Zweifel darüber gibt, daß der irdisch-menschliche Geist die höchste Ordnung der Intelligenz darstellt, die in einem physischen Leib auf der Erde wirksam ist, haben wir keinen Beweis dafür, daß dieser Geist des Menschen die höchste Ordnung im gesamten Evolutionszyklus der Schöpfung ist. Im Gegenteil, wenn wir die Millionen verschiedener Lebensformen betrachten, die nicht nur eine unendliche Vielfalt von Arten, sondern auch eine ebenso unendliche Vielfalt an Bewußtseinsebenen vertreten, dann können wir kaum daran zweifeln, daß die einfallsreiche und kreative Erfindungsgabe einer unendlichen Ordnung die Evolution des Menschen bestimmt.

Viele Schüler esoterischen Denkens haben sich mit den Worten und Werken der wenigen beschäftigt, die wir als Mystiker bezeichnen und die von vergänglichen Erfahrungen, von flüchtigen Einblicken in die Wahrheit berichten, die Zeichen für eine neue Dimension des Bewußtseins sind. Diesem neuen Bewußtsein hat man viele Namen gegeben, etwa »kosmisches Bewußtsein«, »mediale Einsicht« oder »innere Realität«. Alle diese Bezeichnungen meinen das gleiche und stehen für Erleuchtung. Diese ganz besondere Art der Erkenntnis, diese gottähnlichen Möglichkeiten und Wirkungen, die schon immer vorhanden waren, die aber unter zahlreichen Schichten von Schleiern geschlafen haben, müssen einen unendlich langen Prozeß des Abstiegs in die trügerische Dunkelheit des Materialismus durchmachen. Das Gefängnis der Illusionen, in dem jeder Realitätssinn verlorengeht, muß durchgestanden werden. Erst dann folgt der allmähliche, schmerzliche Aufstieg, in dessen Verlauf Selbsterkenntnis und das Bewußtsein der Realität gewonnen oder besser gesagt *wiedergewonnen* wird.

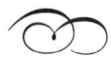

Eine kurzgefaßte Schilderung des Erleuchtungsprozesses ist das Bild des winzigen Samenkorns einer Pflanze. Wenn man den Samen an einem Ort liegen läßt, der immer trocken, sonnig und warm ist, dann wird er ein Samenkorn bleiben. Der kluge Mann jedoch legt den Samen tief in die Erde, in die völlige Dunkelheit, wo alle Voraussetzungen negativ sind. Es ist kalt und feucht, es besteht völlige Isolation. Die in der Natur des Samenkorns liegenden Eigenschaften streben danach, diese negativen Verhältnisse zu überwinden, vielleicht in dem instinktiven Wissen, daß oben das positive Leben, das Licht wartet. Vielleicht wecken die negativen und rauhen Naturkräfte unten die latent vorhandenen und noch nicht manifest gewordenen Möglichkeiten im Samenkorn und drängen es dazu, die Widerstände zu überwinden. In dieser Situa-

tion kommen die latenten Kräfte langsam ans Licht und lassen das Samenkorn
schließlich zu einer wunderbaren Blume
werden.

Ein erleuchteter Mensch denkt immer
vom Zentrum, niemals von der Peripherie aus, aber er muß natürlich zuerst
einmal wissen, wo diese Mitte ist. Das
ist nur möglich, indem er die Peripherie
erkennt. Der Verstand gehört zum Bereich des irdisch-menschlichen Geistes,
die Wahrheit übersteigt Verstand und
Menschengeist, aber um über den irdisch-
menschlichen Bereich hinauszukommen,

müssen wir ihn zuerst einmal erkennen. Um also zur Wahrheit, zur Erleuchtung zu kommen, ist etwas Irrationales nötig, etwas, das den Verstand übersteigt. Gott geht über den Verstand hinaus, wir können Gott nicht beweisen. Wenn man nach Gottesbeweisen sucht, hat man die Wahrheit überhaupt nicht begriffen. Meister und Mystiker brauchen keinen Gottesbeweis, weil sie wissen, daß sie selbst Gott *sind*. Mystiker und Meister sagen: »Wir sind absurd, unser Dasein widerspricht der Vernunft und dem Verstand, weil wir nicht zu dieser Sinnenwelt gehören. Wir gehören zu etwas, das sie übersteigt.« Was jenseits liegt, muß »Un-Sinn« sein. Das, worin wir einen Sinn erkennen, gehört in die Welt der Methoden, der Systeme, der Ideen, der Glaubensvorstellungen und des Verstandes. Gott und Wahrheit sind weder Methoden, Glaubensvorstellungen noch Ideen. Sie sind die Dinge, die um uns herum sind. Sie wiederholen sich immer wieder. Durch Vernunft und Verstand bleiben wir in Bewegung, aber wir bewegen uns stets im Kreis und bleiben an der gleichen Stelle.

Meister und Mystiker haben aufgehört, sich im Kreis zu bewegen. Sie sind dem Räderwerk entkommen. Sie nehmen das wahr, was jenseits von Vernunft und Verstand liegt. Sobald der Circulus vitiosus aufhört, ist Gott da. Der Meister ist immer noch in dieser Welt, aber er ist nicht von dieser Welt. Meister kopieren oder folgen niemals (wie die meisten von uns das tun) Jesus, Buddha oder Krischna, weil sie *sind*, was sie sind. Sie nehmen aber diese großen Lehrer bewußt wahr. Die Menschen brauchen Gurus und Lehrer, um sich befreien zu können, doch in Wirklichkeit schaffen sie damit zunächst eine Bindung. Buddha sagte: »Sei selbst ein Licht.« Er wies die Suchenden an, in der Mitte zu bleiben. Wenn man sich in der Mitte hält, kann man nicht in Extreme verfallen. Wenn man sich von Extremen fernhält (in der

Mitte bleibt), dann verschwindet der ir-disch-menschliche Geist, der nichts als eine Ansammlung von Ideen, Methoden, Glaubensvorstellungen, Informationen und Systemen ist.

Der mittlere Weg ist der einzige Weg zur Wahrheit, zum absoluten Selbst. Das absolute Selbst ist kein Extrem. Es ist weder rechts noch links. Es ist kein Pfad, auf dem man kommt oder geht. Um aber zur Mitte zu *werden,* müssen wir zuerst erkennen und uns eine gewisse Zeit darüber Gewißheit verschaffen, daß wir unabhängig von den Extremen sind. Das

Ego-Selbst bietet uns diese Erfahrungen, die zwar dem gleichen irdisch-endlichen Bereich angehören wie das Ego, die aber dennoch wichtig und notwendig sind, weil sie uns helfen, die Natur der Extreme zu erkennen. Nur auf diese Weise erkennen wir und werden selbst zu diesem mittleren Weg. Das ist der Ausgangspunkt und der entscheidende Vorteil, den wir durch die Verbindung des Egos mit der Welt der Materie gewinnen. Der wahre Zweck der menschlichen Existenz ist, das Reale aus dem herauszuarbeiten, was unreal ist. Als Wahrheit erkennen wir:

Das Unreale ist das Versprechen des Realen.

Dunkelheit wirft Schatten auf das Licht.
Tod ist das Tor zu Leben und
Unsterblichkeit.
Im Unwirklichen hilft er uns, das
Wirkliche zu finden.
In der Dunkelheit hilft er uns, das Licht
zu finden.
Der Tod gibt uns die Möglichkeit,
die Unsterblichkeit zu erkennen.

Wenn die Natur des Menschen nicht bis zu einem gewissen Grad mit den höchsten Ebenen verbunden ist und etwas davon spiegelt, wie kann der Mensch selbst dann etwas davon wissen? Wenn der Mensch nicht das Göttliche in sich selbst entdeckt, in welchen Bereichen unseres Universums und auf welcher spirituellen Ebene soll er dann mit einer gewissen Aussicht auf Erfolg danach suchen? Alle Probleme des Universums und alle Schwierigkeiten in bezug auf die Natur der Erkenntnis fallen auf den Menschen selbst zurück. Im *Tao Te King* heißt es:

Wer andere kennt, ist weise;
doch wer sich selbst kennt, ist erleuchtet.

Wenn wir nach Erleuchtung streben, wenn wir die Befreiung von Furcht, Frustration, Angst und Stagnation wollen, beginnen wir am besten mit einer radikalen Änderung in uns selbst. Wir beginnen mit einer gewaltigen Anstrengung, um die Auswirkung vergangener Gewohnheiten und Vorstellungen unter Kontrolle zu bringen. Wir müssen lernen, den zur Gewohnheit gewordenen Reaktionen auf vergangene Erfahrungen zu widerstehen. Unser ganzes Leben beruht auf Anstrengung und Mühe, um irgendein bestimmtes Ergebnis zu erzielen. Früher oder später müssen wir zu der Erkenntnis kommen, daß jede Anstrengung, die vom Zentrum des Ego-

Geistes aus unternommen wird, unvermeidlich zu mehr Konflikt, mehr Frustration, zu immer größerem Elend führt, und das bedeutet, daß wir immer mehr Mühe aufwenden müssen, um dagegen anzukämpfen.

Versuchen Sie einfach so zu leben, daß Sie immer in der Mitte bleiben, dann löst sich der irdisch-menschliche Geist auf, weil Sie nicht mehr zwischen den Extremen hin- und herschwanken. Um die Realität, den tieferen Sinn des Lebens zu erkennen, müssen wir verstehen, was mit dem Ausdruck »nicht zwischen Extremen oder Gegensätzen hin- und herschwanken« gemeint ist. Jedes Schwanken bedeutet Anstrengung. Was heißt Anstrengung? Anstrengung bedeutet eine Reihe von Versuchen oder Bemühungen, den gegenwärtigen Zustand in etwas zu verändern, das bisher noch nicht existiert. Ist das nicht das Eingeständnis, daß wir mit dem bestehenden Zustand nicht zufrieden, daß wir unglücklich darüber sind? Bedeutet das Angst, Langeweile, Frustration, Begierde, Habgier oder Ehrgeiz? Das alles sind ja die Merkmale eines unzufriedenen Menschen. Was bedeutet Unzufriedenheit? Nur das Festhalten, die Bindungen des irdisch-menschlichen Geistes. Der wirklich zufriedene Mensch erkennt Wert und Bedeutung des gegenwärtigen Zustands voll und ganz. Der irdisch-menschliche Geist kann das nicht, weil er sich nur damit beschäftigt, wie wenig oder wie viel Besitz er hat. Ihn quält ständig die Angst, seinen Besitz zu verlieren. Der zufriedene Mensch nimmt den Unterschied zwischen Realität (spirituellem Geist) und Illusion (Bindung an die Materie) wahr.

Können wir darum kämpfen, glücklich zu sein? Kann man sich dazu entschließen oder sich anstrengen zu lieben? Sind Freude, Inspiration oder Intuition durch angestrengtes Bemühen zu erreichen? Wir können zwar manche Dinge unterdrücken, auf andere verzichten oder sie unter Kontrolle halten, aber Glück und Freude entstehen niemals durch Opfer, durch Unterdrückung oder Kontrollmechanismen. Wenn Sie einmal darüber nachdenken, werden Sie erkennen, daß unser ganzes Leben aus einer Folge solcher Unterdrückungen, Opfertaten und Kontrollmechanismen besteht. Wir befinden uns ständig im Kampf mit unseren Begierden, Bestrebungen, Emotionen und Leidenschaften, mit unseren selbstsüchtigen, habgierigen Instinkten. Wir nehmen alle Mühen auf uns, weil wir hoffen, dadurch Glück, Sicherheit und Selbstzufriedenheit und Seelenfrieden zu finden, aber die unaufhörliche Folge von Anstrengungen kommt niemals zu einem Ende. Leben ist das ständige Bedürfnis nach Überwindung, der unaufhörliche Kampf mit unseren Begierden, doch können sich Liebe und Mitgefühl durch Kampf, Bemühung und Anstrengung entwickeln?

Anstrengung, bei der es sich gewöhnlich um ichbezogene Aktivität handelt, bedeutet die Weigerung, eine Situation so zu akzeptieren, wie sie wirklich ist. Es ist die Weigerung, zu erkennen, daß die Situation, die wir zu verändern trachten, genau die Situation ist, die wir zuvor selbst geschaffen haben.

Liebe ist etwas Spontanes. Wir können uns nicht um Liebe bemühen, wir können nicht über die Liebe nachdenken und sie dadurch entstehen lassen. Liebe ereignet sich einfach zu einem Zeitpunkt, an dem wir ganz frei von unserem irdisch-menschlichen Denken sind.

Liebe ist das Beständigste auf der Welt. Sie kann gar nicht verlorengehen. Alles, was dem irdisch-menschlichen Geist oder der materiellen Welt zuzurechnen ist, kann verschwinden, aber niemals die Liebe. Liebe ist der vollkommene Ausdruck des ewigen Selbst – sie ist die Erscheinungsform des Ewigen.

Niemand hat die Macht, uns Schwierigkeiten oder Schmerzen zu bereiten, wenn wir selbst ihm nicht die Macht dazu geben. Wir schaffen uns also selbst unsere Probleme. Äußere Anstrengungen sind nur nötig, solange wir glauben, daß wir unsere Unzulänglichkeiten und den Mangel an Besitz beheben sollten. Wenn wir aber mit Mut die Situation anschauen, darüber nachdenken, sie analysieren und vollständig akzeptieren, ohne jede Entschuldigung und ohne sie zu leugnen, und wenn wir dann die wahre Natur nicht nur unseres Ausbrechens, sondern auch der Vernunftgründe und des Endziels betrachten, dann entwickelt sich allmählich ein Zustand, in dem jedes Bestreben, alle Bemühungen und die Angst aufhören. Dieser Zustand ist die kontemplative Kreativität, das Gegenteil von Streben, Anstrengung, Verstand und Begierde.

Sobald wir versuchen, die wahre Natur unserer Anstrengungen, unserer Motive und unserer Unzulänglichkeiten zu verstehen, entwickelt sich daraus eine kreative spirituelle Realität, eine spirituelle Intelligenz, die langsam den Weg zur Erleuchtung und zum Glück öffnet.

Der Feind ist Aktion auf der äußeren Ebene. Aktion bedeutet stets auch Reaktion. Es liegt in der Natur des irdisch-menschlichen Geistes, sich zu weigern, die Realität einer Situation zu sehen. Buddha sagte, daß im Nichts die Wahrheit zu finden ist. Wenn der irdisch-menschliche

Geist frei von Rechthaberei bleibt, frei vom Verlangen nach Aktion, frei vom Gedanken der Unzulänglichkeit, frei vom Bewußtsein des äußeren Zustandes, dann handelt das kreative Wesen.

Selbsterkenntnis erwerben Sie durch das ständige Bewußtsein, daß nur Vernunftgründe, Ideen und Endziele alle die endlosen Kämpfe verursachen, die sich um Sie herum abspielen. Versuchen Sie, sich der inneren Unzulänglichkeiten bewußt zu werden. Entschließen Sie sich, mit ihnen zu leben, sie zu erkennen, ohne jedoch einen Gedanken darauf zu richten, wie man ihnen entkommen könnte. Damit gewinnen Sie Glück und Sicherheit.

EPILOG

Der Mensch ist stets auf der Suche nach etwas Bleibendem, nach etwas Beständigem, nach etwas Progressivem. Er selbst bemerkt es vielleicht gar nicht, aber instinktiv sucht er nach *Realität*. Manche erleuchteten Seelen haben diese Realität gefunden. Man nennt diese Menschen Mystiker, Gurus oder Meister. Sie haben die »unmittelbare Erfahrung« erlebt. Sie haben das Beständige, den Sinn,

das Ewige, das Wahre, das Wirkliche gefunden. Diese direkte Erfahrung kann nicht
aus dem entstehen, was andere sagen ...,
oder aus Büchern gewonnen werden. Die
Erleuchteten berichten davon, daß sie die
unmittelbare Erfahrung in sich selbst gefunden haben.

Deshalb muß jeder, der auf der Suche
nach dauerndem Glück ist, in seinem Inneren suchen. Bevor er jedoch mit dieser
Suche beginnt und zur Erfahrung kommen kann, muß er sich selbst wirklich
kennen. Kann er das erreichen, indem
er hört, was andere zu sagen haben, oder
liest, was ein Autor glaubt und zu einem
Buch verarbeitet hat? Der einzige Grund,
weshalb er sich selbst nicht erkennt, ist

doch der, daß er andere nicht kennt. Selbstverständlich weiß er viel über die Vorstellungen anderer Menschen, er kennt eine Menge Fakten und Worte, die er bei anderen gesammelt hat. Diese Informationen stammen aber aus dem *äußeren* Bereich.

Wenn Sie nach unwandelbarem Glück suchen, dann müssen Sie auch etwas über den gesuchten Gegenstand wissen, also zum Beispiel: Welcher Teil von Ihnen ist der Suchende? Was sucht er? Warum sucht er? Die Wahrheit, die den Weg zur direkten Erfahrung freimacht und das Glück vermittelt, kann sich vollkommen von der Vorstellung unterscheiden, die der Suchende vom Glück hat. Es ist deshalb unbedingt erforderlich, daß der Suchende selbst voll und ganz die Natur seines Suchens in allen Aspekten begreift und ebenso die Natur des Gegenstandes, nach dem er sucht. ... Wenn wir nicht zuerst uns selbst kennen, besitzen wir keine echte Basis für ein richtunggebendes Denken ... Diese Grundtatsachen über die Unwissenheit des Menschen in bezug auf sich selbst und sein nutzloses Festhalten an äußeren Mitteln bei seiner vergeblichen Suche nach dem Glück sind die wesentlichen Gründe, die mich veranlaßt haben, dieses Buch zu schreiben.

Ich hoffe aufrichtig, daß der Leser, der mir bis hierhin gefolgt ist, jetzt zu einer

Reise aufbricht, um die Realität, die Wahrheit und sich selbst zu finden.

Quellennachweis

Tom Johanson: *Durch Schatten zum Licht.*
© by Verlag Hermann Bauer KG, Freiburg im Breisgau 1995.

Nahrung für die Seele
Jeder Band im Format 10,8 x 13 cm, 112 Seiten, geb.

Jiddu Krishnamurti
Glück oder die Stille des Geistes
ISBN 3-7626-0550-0

Masaharu Taniguchi
Das Gesetz des Herzens
ISBN 3-7626-0551-3

Erika J. Chopich und Margaret Paul
Entdecke dein inneres Kind
ISBN 3-7626-0552-1

Sun Tsu
Unbesiegbarkeit durch innere Meisterschaft
ISBN 3-7626-0555-6

Douglas Monroe
Das Beste aus Merlyns Lehren
ISBN 3-7626-0554-8

Jennifer Louden
Das »kleine« Wohlfühlbuch für Frauen
ISBN 3-7626-0553-X

Verlag Hermann Bauer · Freiburg im Breisgau

Nahrung für die Seele
Jeder Band im Format 10,8 x 13 cm, 112 Seiten, geb.

Wighard Strehlow
Hildegard von Bingen –
Von der Heilkraft der Seele
ISBN 3-7626-0579-3

Tom Johanson
Die Gesetze des Glücks
ISBN 3-7626-0577-7

K. O. Schmidt
Die Schönheit des Alters
ISBN 3-7626-0578-5

J. E. Berendt
Höre, so wird deine Seele leben
ISBN 3-7626-0597-1

Jennifer Louden
Das »kleine« Wohlfühlbuch für Paare
ISBN 3-7626-0590-4

Perlen der Bhagavadgita
ISBN 3-7626-0591-2

Verlag Hermann Bauer · Freiburg im Breisgau